JN410724

벽이 벽 너머에게

시와사상 시인선 31

벽이 벽 너머에게

강준철 시집

시와사상사

시인의 말

나는 아리스토텔레스에서 벗어나고 싶다. 그 시대의 예술과 현대예술은 다르다. 현대예술은 자연을 모방하기보다 배반한다. 그러므로 그의 명제 〈예술은 자연의 모방이다〉는 〈예술은 자연의 배반이다〉로 수정되어야 한다. 예술은 인간이 만든 가공품이다. 아무리 아름다워도 자연을 예술이라고 하는 사람은 없다. 나는 가끔 이런 배반을 시도한다. 앞으로 더 자주 하려 한다.

한 가지 더 벗어나고 싶은 사람은 엘리엇이다. 현대 한국시의 대부분이 엘리엇의 시학에 근거하고 있는 것으로 보이는데 이제 우리가 그의 그늘을 벗어나야 한다고 생각한다. 다시 말하면 그의 시론을 뒤집어 새로운 미적 형식을 창조할 필요가 있는 것이다.

항상 내가 관심을 가지는 것들은 사물들의 안쪽이고, 세계가 어떤 것이며 내가 누구인가를 아는 것이었다. 문 앞에까지는 왔으나 아직 문 안을 들여다보지 못해서 안절부절못한다.

모든 것은 관계 속에서 파악되며, 모든 가치 판단은 상대적이고 주관적이라는 신념을 가지고 있다.

나는 시를 쓸 때 행복감을 느낀다. 나름 괜찮은 시를 썼다고 생각할 때는 황홀하기까지 하다. 그러나 몇 주 또는 몇 달 후 다시 읽어보면 스스로에게 실망하는 경우가 많다. 그래서 퇴고를 거듭하지만 그래도 별로 좋은 시가 되지 못한다. 그럼에도 졸시를 세상에 내보내는 이유는 두 가지 – 못 생긴 꽃이 있어야 예쁜 꽃이 있다는 믿음과 일단 정리하고 새 출발을 하자는 생각에서이다. 다섯 번째 시 모음이다. 그러나 부끄럽고 두렵다.

도움을 주신 모든 분들께 진심으로 감사드린다.

– 2018. 11. 작은돌 강준철

차 례

시인의 말

제 1 부

동백꽃 2 11
기다림 12
광어와 도다리 14
연애하는 우주 16
나의 냉장고는 18
산이 되고 구름이 되는데 20
숨어 있는 산 21
나무 1 22
행복 2 23
겨울나무 24
숲을 기르는 고요 25
원래 그런 거야 26
기대면 편해요 28
믿음의 흰 나무 30
시뮬라크르 32
산다는 건 34
능소화 36
관계 2 37
물에 관한 소고 38

벽이 벽 너머에게

제 2 부

악어백 43
지렁이를 위한 기도 44
가을 6 46
저 산정의 소나무 48
민들레 홀씨로 날은다 49
세탁하기 50
나팔꽃 52
구름꽃 53
나무 설화 6 54
아그배나무 56
나무 2 58
봄 속엔 59
매미 2 60
추상 1 61
자동문 62
부끄러움 63
유년의 종소리 8 64
영남루에 올라서 66
메타세콰이어 68

차 례

제 3 부

속죄 73
모래는 우리의 발이야 74
꽃댕강나무 76
끝물 78
성게 80
히말라야의 길이 되고 싶다 82
목숨 2 85
봄 10 86
죽순 88
숲의 영혼 90

제 4 부

붉은 나팔소리 95
엄마, 숨이 막혀! 96
우체통 없는 우체통 98
일어나라, 천사여! 100
마스크 102
장마 4 104
빛도 꺾이는 세상 106
권력자 107
나무여! 말을 하라 108

벽이 벽 너머에게

제 5 부

여로 111
아파트 1 112
아파트 2 113
바다뱀 114
시간의 풍경 1 115
장마 2 116
역전패 118
미술관자작나무숲 120
줄장미 2 122

제 6 부

이우환 125
죽음을 이긴 사람들 126
깡깡이 아지매 128
사람의 집 130
낙동강 133
수영삼거리의 백일홍 134
물만골 136
배산의 소리 138
오륜대 2 140

시에 관한 몇 가지 견해 | 강준철 141

제1부

동백꽃 2

당신은 이제 다시 뜨거운 피를 흘려
대지를 수태시키십니다

긴 밤을 울던
그녀가 퉁퉁 부은 몸으로
다리에 힘을 주고 일어납니다

당신은 지금 그녀에게
겨울이 얼마나 깊은가를 가르쳐 주었고
침침한 눈에 환한 빛을 주었습니다

지금
저 골고다언덕에서
캄캄한 세상을 다시 빛으로 출렁이게 할
눈부신 그분이 오고 있습니다.

기다림

산비탈에 소나무들이 서 있다
똑같이 검은 옷을 입고
손가락도 꼼짝 않고 서 있다
벌써 수십 년째 그렇게 서 있다
앉지도 눕지도 않고 허리를 똑바로 편 채
저렇게 서 있다
폭염이 내리면 폭염을 맞고 서리가 내리면 서리를 맞으며
꼼짝 않고 저리 서 있다
까마귀가 야단법석을 떨어도 대답이 없고
꾀꼬리가 노래해도 돌아보지도 않는다
도대체 뭘 하는 거냐? 너는
고개를 쳐들고 하늘만 볼 뿐
구름이 지나가도, 별이 떠도, 안개가 덮쳐도 말이 없다
뭘 기다리는가?
수많은 초록 안테나를 세우고
달이 잡히기를 기다리는가?
어둠을 태울 바람을 기다리는가?
그러나 그들은 기다리는 것을 기다리지 않기 위

해서

저렇게 입을 닫고 서 있는지 모른다

바다가 불러도 움직이지 않고

강이 불러도 대답이 없다

죽기로 하고 나무들은

수십 년째

잠도 자지 않고

뭔가를 기다리며 눈먼 장님이 되어 서 있다

광어와 도다리

좌광우도, 좌광우도…

몇 번이나 외웠거늘
볼 때마다 헷갈리는 광어와 도다리
눈이 왼쪽에 몰려 있으면 광어
눈이 오른쪽에 몰려 있으면 도다리란다
그러나 대가리 쪽에서 볼 때 광어이던 것이
꼬리 쪽에서 보면 도다리가 된다
그러므로 좌광우도는 참이 아니다
그러고 보면 인간이 만든 잣대인
고저高低, 장단長短, 미추美醜, 선악善惡도 …
모두 좌광우도
전제 없는 언설이나 판단은 모두 좌광우도다

'좌광우도'!
광어인지 도다리인지는 알 수 없지만
깨달음을 주는 멋진 화두이다

좌광우도, 좌광우도… 나무아미타불 관세음보살
아뇩다라삼막삼보리

아으 다롱디리

부텨는 똥막대기 …

연애하는 우주

청소기 안에 우주가 모인다
항하사의 우주가 춤을 춘다

청소기는 블랙홀
그 우주에 손가락을 꽂으면
달콤한 사랑의 목소리가 흐르고
여인의 부드러운 젖가슴이 만져진다
항하사만큼 많은 우주의 젖가슴
나를 울렁이는 우주가
청소기 안에서 활기찬 사랑을 한다

만상은 한 때 먼지였다
너도 나도
나는 그 먼지 속으로 들어가 수영을 하고
비행기를 타고 먼 여행을 떠난다
바위 속으로, 세라믹 속으로
그 길은 그리 복잡하지도 좁지도 않다

한 개의 먼지는 한 개의 우주
그 먼지의 수는 n∞

나는 그 먼지의 집합체
귀 기울이면 우주의 숨소리가 들려온다
사랑의 노래가 들린다
서로 당기고 미는
우주, 이렇게
연애하며
산다
가끔 울음소리도 들리지만

나의 냉장고는

목까지 꽉 차서 숨이 막힌다
문을 열 때마다 한숨을 푸푸
밤중에 일어나 가 보면 윙윙 울고 있다
채소와 과일들이 찡그리고 누워 있고
음식들은 곰팡이의 공격을 받아
몰살 직전에 있다
모두 끌어내 패대기를 쳐야 한다
무엇이든 오래되면 가기 마련
아까워도 과감히 버려야 한다
비우는 것이 채우는 것
그러나
말로야 백 번도 더 비웠지
그래서
나의 냉장고는 언제나 과식
걸핏하면 꺼루륵거린다
과식은 몸을 망치고
과욕은 마음을 망친다
냉장고에게 자유를 주어야 한다
숨 쉴 틈을 주어야 한다
무시이래 이어온 숙업의 밑바닥에 숨어 있는

나의 냉장고를 비워야 한다
아예 냉장고를 통째로 없애야 한다

산이 되고 구름이 되는데

스님은 산 속으로 산 속으로 멀리 멀리 도망 가
산이 되고
높이 더 높이 올라 구름이 되려는데
세상이 옷자락을 잡고 자꾸만 따라 오네

더 높이, 더 깊이, 더 멀리
달아나리라
아, 얼마나 더 멀리 도망가면 따라오지 못할까

스님은 날마다 도망가는 방법을 참구하였네
그러나 그만큼 치맛자락도 따라왔네

나무들은 무설無說을 가르치고
까마귀 떼 가을 하늘에 진공眞空을 그리는데
법당 안에 엎드린 노스님, 무슨 기도하는가

처마 끝 풍경 소리에
적요는 빛나고
범종은 울어울어
우주를 흔드는데

숨어 있는 산

아득히 먼 곳까지
첩첩이 겹쳐 있는 산

태초부터 있어 온
세상에서 가장 아름다운 리듬
세상에서 가장 아름다운 색

그 중에서 가장 멀리 있는 것
푸르스름하고 아련한 것
산인지 꿈인지 구별이 안 되는
가장 뒤쪽에 숨어 있는 산

죽어서
내가 만나고 싶은

나무 1

나무는
백 개의 눈과
천 개의 손과
만 개의 귀를 가졌다

나무는 왜
저렇게 많은
귀와
눈과
손을 가지고

저 황량한 들판에 서 있을까

왜 혼자 서 있을까

점점 커지는 귀와 눈과 손을 가지고 …

오오, 저기 고요의 빛이 오고 있네.

행복 2

차라리 행복의 가슴에 비수를 꽂아라

그건 아가리를 벌리고 혀를 날름거리는 뱀이야
물고기는 날개를 탐하지 않아

해탈과 열반을 탐하지 마라
그걸 자꾸 탐내니 가난한 집 제삿날 돌아오듯
빚생이가 찾아오는 게 아니냐

죽음조차 없는데 어찌 행복이 있겠느냐
부처는 이 세상에 와서 괴로움을 말했고
예수는 비애를 말했지

인생이 밤새 안녕인데 어찌 이 세상에 행복이 있겠느냐
처음부터 이 세상엔 행복이란 없는 것이야

오직 독한 슬픔을 찾아 여행을 떠날지니
그리하여 사막 한가운데 홀로 서라

사람들아
행복의 가슴에 비수를 꽂아라

겨울나무

훌훌 다 벗으니
새들이 열리네

벗고 벗으면
더 많은 새가 열리리

숲을 기르는 고요

숲이 고요를 기른다

고요가 숲을 기른다

고요는 수직으로 자라 하늘이 되고
수평으로 자라 황홀한 대낮이 된다

새들이 고요를 찢지만
고요는 고체가 된다

소나무, 참나무, 편백나무, 삼나무
나무의 실핏줄에 햇빛이 출렁인다

고요가 고요를 버린다.

원래 그런 거야

구름은 한가로이 세상 구경을 하고
바다는 넘어져도 계속 일어서며
강은 막아도 쉼 없이 노래하며 가고 또 가고
지는 해는 내일 아침 또 올게라며 인사를 하는데
자네 뭐 그렇게 턱을 괴고 앉아 미간을 찌푸리고 있나?
지렁이도 땅속에서 저리 고운 노래를 부르는데
자네 뭐 그렇게 고개를 숙이고 있나?
산다는 게 뭐 특별한 게 있겠나?
그냥 되는 대로 대충 살면 되는 거지
잠도 푹 자고, 먹고 싶은 것 배터지게 먹고, 편하게 살다 가는 거지
가끔 친구 만나 술도 한 잔 하고
노래방에 가서 고래고래 고함도 질러보고
가끔 방 청소를 하고 설거지 하는 것도 재미있지 않는가?
세상이 난장판, 똥통 같으면 원래 그런 거라고 생각하게
되는 대로 살지 뭘 억지로 하려고 하지 말게
황제도 제 뜻대로 다 못하지 않던가? 원래 그런 거야

사람의 뜻대로 되는 건 아무것도 없지
이래도 좋고 저래도 좋다고 생각하게
똥통에 굴러도 이승이 낫다고 하지 않았나
이 세상이 천당이고 극락이지
이승 저승 구별 안 하는 게 바로 천당이지
천당에도 괴로움과 슬픔이 있을지 몰라
이방원이 말하지 않았나? 이런들 어떠리 저런들 어떠리*라고
어부도 말했지. 창랑의 물이 맑으면 나의 갓끈을 씻고,
창랑의 물이 흐리면 내 발을 씻겠네**라고
바람이 불면 부는 대로 물결이 치면 치는 대로
노세 노세 젊어 노세 - 노래도 있지 않나?
통속적이라고? 아니야 그게 정답이야, 정답이라고오.
누가 그러더군
선악, 미추, 호불호를 다 떠나는 게 해탈이라고
그러니 끈을 풀게
그물에 걸리지 않게

---

* 이방원의 시조 何如歌.
** 굴원의 漁父辭

기대면 편해요

기대면 편해요
세상은 서로 기대며 사는 거래요

기대세요
남편은 아내에게 아내는 남편에게
아버지는 아들에게 아들은 아버지에게
부자는 가난뱅이에게 가난뱅이는 부자에게

편안해요 정말 편안해요
기대다 넘어지면 더욱 편해요
그분이 도와주고 지옥도 도와주니까요

나에게
기대세요
당신의 가난한 어깨를

지금,
모두가 머리를 기대고 있네요

강이 산에게 산이 강에게

해가 달에게 달이 해에게
하늘이 땅에게 땅이 하늘에게

스마트폰이 영혼에게 영혼이 스마트폰에게
밥이 형이상학에게 형이상학이 밥에게

벽이 넉 너머에게 벽 너머가 벽에게
부처가 중생에게 중생이 부처에게

삶이 죽음에게 죽음이 삶에게
있음이 없음에게 없음이 있음에게

기대세요. 당신!

믿음의 흰 나무

사람들은 황금이 열리는 검은 나무를 좋아한다
그러나 우리는 흰 나무를 심고 길러야 한다
그 나무에 봉황이 날아와 깃들고 짙은 그늘이 확장되도록 힘써야 한다
장막을 치고 그분의 이마와 눈을 피해서는 안 된다
마당 안 연못에 맑은 시냇물을 끌어들이고 연꽃을 심어야 한다
나무 밑에 햇빛이 드는 걸 두려워해선 안 된다
황금의 나무를 뽑아내고 흰 나무를 심어야 한다
만 개의 자리를 주어도 너는 한 개의 자리밖에 앉지 못한다.
자리 때문에 다투지 말아라
자갈밭이거나 옥토이거나 상관하지 말아라
너 때문에 많은 사람이 모이거나 환호하게 하지 말아라
너의 대문 앞에 사람이 오지 않는다고 불평하지 말고 그걸 시샘하지 말아라
밥 때문에 다투지 말아라
천 그릇의 밥을 주어도 너는 한 그릇밖에 먹지 못

한다
내 안의 담을 허물고 장막을 걷어라
믿음의 물길을 먼저 터라
그리고 흰 나무를 심어라
구름은 하늘에 올라 비가 되고 이슬은 맺혀서 서리가 되지만
불변의 쇠는 항상 아름다운 물에서 나오나니
믿음의 흰 나무가
우리를 하늘나라로 인도할 것이다.

시뮬라크르Simulacre

가짜는 아름다워
가짜의 가짜는 더 아름답지
진짜보다 더 진짜니까
소설을 봐
모든 예술은 가짜야
사람들은 진짜보다 가짜를 더 좋아해
진짜보다 더 재미있고 완벽하니까
시를 보아
시는 현실이 아니야. 현실의 모방이야
그러므로 허구지. 가짜야.
그래서 플라톤이 문학을 공화국에서 추방했지
플라톤은 현상을 이데아의 그림자라 했지
이 세상의 모든 것은 다 가짜야
석가모니도 그랬지. 일체개공一切皆空이라고
그런데 우리는 그 가짜를 진짜로 믿고 있어
그 가짜를 더 좋아해! 그래서 울고, 웃고, 열광해!
어차피 모든 게 가짜라면 그 가짜를 다시 모방한
가짜는 진짜가 아니겠니?
가짜의 가짜는 변증법으로 진짜이니까
그건 새로운 존재이니까

사람들이 그 가짜의 가짜를 더 좋아하니까
그래서 한국 사람들이 가짜를 좋아하는 거야?
아니야, 중국 사람들이 더 좋아하는 것 같아
그림자는 실물(실체)의 영혼!
그래서 우리는 가짜를 진짜보다 더 사랑한다
보르헤스도 말했지
– 하늘 아래 새로운 문학은 없다.
모든 책은 서로 연결되어 있는 상호텍스트다 …
우리가 알고 있고 생각하는 모든 것이 허구라고
그래 옳은 말이야.
우리는 관념의 노예,
꿈속의 나비가 나야.

산다는 건

산다는 건 우리가 곡선이 되는 것이다
태어나기 전에도 태어날 때도 우리는 곡옥이었고
죽을 때도 곡선으로 꼬부라진다

자연에는 직선이 없다
직선처럼 보여도 곡선의 이음이다
그 이음새에는 틈이 있다
모든 이어지는 것처럼 보이는 것도
사실은 떨어져 있다

산다는 것은 그 떨어진 징검다리를 이으며
구부리고 걸어가는 것이다

산다는 것은 우리가 구부러진 철사가 되고
녹이 슬어 간다는 것이다
그래서 메워 놓은 장독 뚜껑이 터진다는 것이다

저기
곡선이 그리운
저녁이 오고 있다

이제 마당을 쓸어야 한다.

능소화

능소화가 담을 넘고 있다

아아, 밖이 궁금해

담 위에 올라선 능소화
껄껄 웃고 있다

죽음처럼 펄펄 끓는 적요

오오, 저 찬란한

투신
!
!

관계 2

동백과 매화나무가
타일로 만든 커다란 고래와 운동기구들과 마주서 있다

붉은 아스콘 트랙이 국경을 치고 있다

매화는 탐스런 결론을 조롱조롱 매달고 있고
동백도 몇 개의 결론을 달고 있지만

고래는 서론도 안 썼고
운동기구들은 무표정하다

내가 가까이 가자 그들 모두의 표정이 바뀌었다
비둘기가 끄덕끄덕 걸어오자 그들의 표정이 다시 바뀌었다

물에 관한 소고

어느 날 내가 냇가에서 헤엄을 치다 물에 빠졌는데
발버둥을 치면 칠수록 물귀신이 더욱 힘차게 발을 잡아당겨 나를 저승으로 끌고 갔다

어느 날
작은 연못이
삼나무와 포도나무의 크고 작은 키를 수평으로 잘라 먹었다
무섭게 경쟁하듯 달리는 크고 작은 차들도 같은 크기로 잘라 먹었다
붉고 푸른 감각을 따라 도심을 분주히 오가는 사람들도 똑같이 잘라 먹었다

그러던 어느 날 길에서 우연히 공자를 만났다
인자요산*이라니요?
높고 낮은 차이를 보이는 산이 어찌 인자입니까?
겨울이 오면 눈이 되어 추위에 떠는 만상을 하나의 이불로 덮어주는
물이 인자가 아닌가요?

그 다음 날 같은 곳에서 우연히 노자를 만났다
나는 따져 물었다
상선약수**라니요?
물은 수많은 사람을 잡아먹는 귀신이에요
그리고 어떤 이데올르기도 물을 이길 수는 없어요
선생은 혹시 어느 한 쪽만 본 것이 아닌가요?
물이 가장 고요하면서도 가장 요란하다는 건 그게 고요하지도 요란하지도 않다는 것 아닌가요?
물이 언제나 평형을 유지한다는 것도 한 쪽만 본 것 같아요
물도 많이 모이면 휘어지고, 솔잎에 맺히면 동그라미가 되고 … 그건 땅이 평평하지 않고 둥근 것과 같지요. 낭떠러지에서는 수직이 되기도 하고요

모든 것은 태어나서 자라고 끝내는 죽지만 물은 죽지 않고 다만 변할 뿐이다라는 말은 맞는 것 같아요
그러나 아무리 험난한 비탈에 서 있어도 물만 있

으면 우리는 무섭지 않다는 말은 틀린 것 같아요
물은 맑지도 흐리지도 않고, 착하지도 악하지도 않고, 고요하거나 요란하지도 않지
우리는 영원한 전체를 볼 수 없어
나는 달을 쳐다보며 중얼거렸다

* 仁者樂山. 공자의 말.
** 上善若水. 노자의 말.

제2부

악어백

악어는 누를 한번 물면 절대 놓지 않고

여인들은 그 악어를 한번 물면

절대 놓지 않는다

아, 저

비린

내

지렁이를 위한 기도

지상에서 가장 어둡고 축축한 곳에 엎드려
지상에서 가장 낮고 따뜻한 목소리로 노래를 부릅니다

당신은 이불을 덮어쓰고 숨죽여 울던 나의 유년 시절에도
나를 위해 햇빛에 반짝이는 명주실 같은 노래를 불러주었습니다

거기가 당신의 천국이겠지만
어쩐지 나에게는 거기가 썩은 낙엽이 쏠린 구석으로 느껴집니다

지금 나는 당신을 위해 깊은 감사의 기도를 올리고 있습니다
부디 편안한 마음으로 가지가 안 보이게 볼 붉은 가을을 노래하십시오

보이지 않는 곳에서 울고 있는 모든 이들에게
당신의 낮고 고운 목소리가 전해질 때까지

당신의 목소리가 쉬지 않기를 다리가 저리도록 기도하겠습니다

가을 6

가을입니다
나무들이 붉고 노란 봉투에 이별의 편지를 띄웁니다

나는
하늘의 알몸과
바다의 깊이,
산의 신음과
만 리 밖에서 들려오는 강물의 울음소리와
갈대의 한숨을
햇살에 말아 잠자리 등에 부쳤습니다

가을은 이별의 편지를 쓰는 계절
나무도
너도 나도
모두 이별의 편지를 써야 합니다
가야 할 것들을 모두 보내주어야 합니다

가을이 왔습니다
우리 모두 강과 바다와 산에 이별을 고합시다

하늘과 갈대에도
땅 속에 숨어 우는 저 지렁이에게도

지금 세계가 세계에게 핏빛 이별의 긴 편지를 쓰고 있습니다
가을입니다

저 산정의 소나무

저 산정의 소나무
지나가는 구름의 손 한 번 잡아보고
무심한 달에 얼굴도 비춰보네

기러기 울어 예는
산정의 저 소나무

외로운
별 하나
사랑하네

민들레 홀씨로 날은다

담 밑에 쪼그리고 앉아
혼자서 땅바닥에 그림 그리기를 좋아하던 기집애
내가 얼굴이 빨개지던 기집애

땅딸보라고 놀려도
머릴 쥐어박고 치마를 뒤집어도
언제나 노랗게 웃던 기집애

연날리기를 좋아하던 기집애, 수평선 너머로 가버린
기집애, 기집애, 그 기집애

오늘은 턱을 괴고 앉아
하얗게 바랜 세월을 날리고 있을까

아무리 지워도 지워지지 않는 그 이름
민들레,
홀씨로 날은다

세탁하기

세제를 넣고 스위치를 누른다
드럼드럼
빨래가 정신없이 돌아간다
이리 휘둘리고 저리 뒤집어지고
넘어지고 고꾸라지는 유산가遊山歌
물고문에 주리에 …
두들겨 맞아야 깨끗해지는
쾅! 닫힌 무명無明

설겅덜겅 설거지하고 티브이를 켠다
광고를 헤치고 추억이 절룩거리며 나온다

젊은 아낙네가 빨래 광주리를 이고 냇가로 가고
내려치는 방망이에
냇물이 비명을 지른다
풀죽은 삶을 쥐어짜 자갈밭에 던져놓고
흰 구름이 되다가
낮달이 되다가
하늘이 되다가
미루나무 우듬지에서 사랑가 부르는 매미가 되다

가

세탁기에 빨간 불이 깜빡인다
권태를 탈탈 털어 목을 콱콱 찝어 매단다
나머지는
바람과 햇빛이 알아서. 끄읕.

나팔꽃

나팔꽃이 장대를 칭칭 감아 오르다가
더 오를 곳이 없어 당황해 하고 있다

하늘을 더듬으며

– 문이 어디야?

구름꽃

찬바람에 떨다 문득 돌아보니
저만치 추억이 지고 있네
언제나 뜨겁고 영원히 미소를 잃지 않던
당신
구름꽃 흔들며 돌아서 가네

가게에 쌓이는 빈 상자처럼
살아서도 층층으로 입주하고
죽어서도 층층으로 입주하는
우리
사각형으로 꺾여 서걱이는 뼈들이여

아, 뻐꾸기 노래 가득 찬 숲
언제 가나
언제 가나

나무 설화 6
– 아왜나무

나는 아주 잘 먹고 쑥쑥 잘 자랍니다
한 해에 1미터 이상도 자랍니다
내가 창문을 다 가리자 주인은 나의 손과 팔다리를 싹뚝싹뚝 잘라버렸습니다
주인은 해마다 나의 사지를 잘라버렸지요
어느 해는 앞집 담을 넘어갔다가 앞집 영감님에게 팔다리를 잘리기도 했습니다.
또 어느 해는 내 키가 지붕보다 높아지자
주인은 나무가 지붕 위로 올라가면 재수가 없다며
사정없이 나의 목을 잘라버렸습니다

나는 그래도 해마다
봄이 오면 주인의 마음에 향기로운 하얀 꽃을 피게 하였고
여름에는 시원한 그늘과 빨간 훈장을 가슴에 주렁주렁 달아주었으며
가을엔 지성의 검은 목걸이를 선사했으며
겨울엔 비움으로 충만한 나신을 보여 주었지요
이런 나를 보고 주인은 감탄하며

'나의 사랑 후박나무여'라는 헌시를 지어 찬양하기도 했습니다
주인은 나를 후박나무인 줄 알았던 게지요

그러던 어느 해 주인이 집을 팔고 아파트로 이사를 가버렸습니다
그런데 새 주인은 그 집을 가겟집으로 바꾸고 화단을 없애 창고로 만들어버렸습니다. 피나무, 비파나무, 사철나무, 향나무, 팔손이나무, 영상홍 등 나의 모든 친구들이 무참히 목이 달아났습니다. 나는 그래도 가끔 내가 살던 그 집을 찾아가 대문 사이로 내가 살았던 그 창문 앞을 한참이나 쳐다보고 갑니다.

아그배나무

참 많이도 낳았구나
눈부신 왕자를

백 개도 아니고 천 개도 아니고
어쩌려고 한 번에 수만 개의 쌍둥이를 낳았느냐
누굴 주려고?

너의 배꼽이 얼마나 아팠느냐
어차피 살아남을 놈은 몇 안 될 터이니
무작정 많이 낳아본 것이냐
연어가 수만 개의 알을 낳아도 수십 마리의 새끼밖에 기를 수 없듯이

아아아아아아
신의 가혹함이여

그러나 아름다운 고통이여
바알*의 자비여

우리 모두

잔을 올리고
노래하고 춤을 추세

* 풍요와 다산의 신.

나무 2

나무는 공산주의자다
드러난 꽃과 잎과 줄기는 따로따로이나
안 보이는 땅속 뿌리들은 서로 손을 잡고
비밀을 주고받기 때문이다
봄이 오면 그들은 삭막한 세상을
혁명한다

봄 속엔

봄 속엔
지난겨울의 꼬리가
조금 남아 있고
다가올 여름의 붉은 입술이 보인다

매미 2

매미는 평생을 한 가지 말만 하다 간다

사랑해 -

헌데 사람들은 왜 헛소리만 하다 가는가

미워!
싫어!
역겨워!
죽고 싶어!

추상 1

– 사랑

땅속의 뱀이 꿈을 꾸고 있다 뱀은 진달래꽃을 뜯어 먹고 허물을 벗었다 핏빛 저녁노을이 뱀의 아가리에 걸려 강물처럼 파도쳤다 벚나무가 치마를 까뒤집어 쓰고 홍소를 터트린다 늙은 매화가 월경을 하며 님이 그리워 시절을 원망한다 젊은 파도가 허연 거품을 쏟아내며 해안 절벽을 덮친다 사랑의 종소리가 지평선을 넘어 어차피 사랑은 바람처럼 지나간다 그걸 알면서도 뱀이 얼굴을 붉힌다 해와 달이 서로 끌듯이 담 구멍이 뱀을 빨아들였다 미친바람이 불고 담 구멍에 불이 난다 불은 이윽고 돌을 태우고 이제 산을 태운다 산을 태우다 하늘을 태운다 봄이 통째로 불탄다 미친 바람이 계속 분다 모래무지가 깨끗한 모래를 헤집고 정액을 분사한다 자라가 모래 속에 끙끙 알을 낳는다

자동문

앞에만 서면 스스로를 여는 당신
아니 그렇게 헤프게 아무에게나 가슴을 열어도 되나요

들어서면 재빨리 나를 가두고
말없이 안아 주는 당신

이 방 저 방 휘저어놓고
볼 일 다 보고 인사도 없이 돌아서도
쉽게 문을 열어주는 당신

언제 들어와도 언제 나가도
막지 않고 잡지 않는 당신

당신 문 안에 들면
나는 언제나 옷을 벗는다

당신을 만나고 나오면
저만치에
없는 문이 열린다

부끄러움

나는 여자의 속옷 광고를 보다가
부끄러움을 가리는 데는
그렇게 많은 면적이 필요치 않다는 걸 알았다
최소화의 법칙
아슬아슬할수록 더 비싸고 더 잘 팔린다
예전엔 감추었던 것
노출할수록 여성의 지위는 더 올라가는가
거추장스러운 부끄러움, 벗어 버려!
사이버 공간에선 그 면적은 영이다
자랑하라 부끄러운 곳
아, 부끄러움의 부끄러움이여
아담과 이브가 된 것인가
벌써 불태워 버렸는가
휘황한 불빛 아래서 그 부끄러움은 상품이 된다
인간이 악마가 된 것인가
꿈에도 나타나는 부끄러움이여
살려야 한다. 부끄러움의 수선화를
구급차가 필요하다. 인간의 양심에게
가라, 가라.

유년의 종소리 8

물이야 물!
빨리빨리, 물! 물!
줄을 서서 고무신에 물을 담아 이어달리기 한다
맨 앞의 아이는 막대기로 무덤처럼 봉긋한 흙덩이를 찌른다
김이 새기 전에 재빨리 구멍을 막고
다시 구멍을 파고
물을 붓고 다시 구멍을 막는다

한바탕 신나는 전쟁이 끝나고
모두 목을 빼고 기다린다
– 인제 됐겠제
– 쪼매마 기다려

드디어 대장의 명령에 따라
흙무덤을 판다
식은담 너머에 노란 감자들이
솔잎 요를 깔고 몸을 포개고 누워 있다
찔러볼 것도 없이 잘 익었다.
너도나도 한 개씩 껍질을 까고

뜨거움 참고
목구멍으로 넘긴다
깔깔거리다 보니 해가 졌다
젖은 바지가 서늘하다
아, 그런데 소가 없구나
울며 돌아온 유년이여
고희가 지난 지금도
가장 강하게 찍힌 천연색 사진
감자무지.

영남루에 올라서

강좌명루江左名樓라
온몸의 세포들이 깜짝 놀라 눈을 번쩍 떴네
아내가 좋은 시 한 수 지어보라고 했지만
소이부답笑而不答
나는 나에게 말했네
이 여름 저 찬란한 매미들의 연가보다 더 좋은 시가
세상에 어디 있겠어?
이름 높은 시인묵객詩人墨客들의 시가 기둥 위에 즐비하지만
그게 어디 저 푸른 강바람 한 줄기나
마당가를 붉게 물들이고 있는 저 목백일홍만 하겠어?
공연히 세상 시끄럽게 하지 말고
세월이 탈색된 기둥에 귀 대고
저 느티나무의 산 같은 말씀과
은행나무의 구름 같은 이야기나 들어보지
저 강물의 낮은 목소리와
대들보에 칭칭 감긴 전설이나 들어보지
그러다 눈이 떠지거든

고추잠자리 어깨 위에서 춤추는 저 칠월의 탱탱한
햇빛 한 줌 잡고
밀양아리랑 한 소절이나 목이 터지게 불러보지

메타세콰이어

너희들이 낸 그 길 걷고 싶다
직선이 되어 하늘을 찌르고 싶다
그 질서, 그 외경 동참하고 싶다

누구든 이 앞을 지나면 허리가 펴지리라
키가 커지고
눈이 밝아지고
머리가 높아지리라

쭈욱 뻗은 그 길의 소실점에서
나는 영원으로
사라지고 싶다

모든 것이 하나로 모이는 그 곳
그 곳을 통과하면 새 세상이 열리리라
메타세콰이어가 행진하는 그 길
꿈꾸며 걷고 싶다
직선이 되고 싶다

아,

죽고 싶다

그 소실점에서

제3부

속죄

나비의 날개 밑에 매달려 구만리장천을 날아
쓸바귀의 영혼을 찾아갔다

산길에서 나를 위로하며 애잔하게 웃던 씀바귀들
예초기의 칼날이 그들의 목을 무참히 날려버렸다
해마다 그때 그 자리에서 나에게 노란 위안을 선사했던 씀바귀
– 남이야 죽든 말든 나만 편하면 그만인 인간들
나는 씀바귀 앞에 엎드렸다
우리는 무심코 풀을 밟고, 나뭇가지를 꺾는다
나도 그렇다
우리는 날마다 동식물의 목숨을 빼앗아 배를 채우고 웃는다
생물들은 누구나 서로의 주검을 먹는다
자연의 섭리? 그건 너무 잔인하다
채식주의자는 존경 받고
육식주의자들만 동물들의 영령에게 속죄해?
아니지, 아니지 …

오늘 나는 못된 범죄자들을 대신해서
씀바귀의 영령들에게 회개하고 무릎을 꿇는다.

모래는 우리의 발이야

모래를 긁어 가면
그 속에서 살던 미생물들이 다 죽지
그러면 바다풀들이 죽고 그러면 어린 새우들이 죽고 그러면 엄마 고래가 죽고
그러면 결국
우리가 죽는 거야
그것들이 모두 우리의 삼촌이고 형님이고 누나인데
온 생명이 한 몸인데
온 우주가 한 몸인데
털 하나만 뽑아도 온몸이 아픈데
그들을 죽여 나만 살겠다고?
너 때문에 내가 살고 나 때문에 네가 사는데
어떻게 그들의 집을 부수나?
작은 것은 큰 것의 어머니
우리가 물고기보다 높지도 귀하지도 않아
더불어 함께 가는 거야. 별을 따러
우리는 각자 커다란 그물의 한 개 코일 뿐이야
그러니 너무 자기 쪽으로만 그물을 당기지 말어
결국 꼬시래기 지 살 뜯기지

자해의 검은 손길이 바다를 덮치게 해선 안 돼
발이 없으면 걸을 수 없잖아?
모래는 우리의 발이야
아니 바로 당신의 발이야
발을 자르지 마.

꽃댕강나무

댕강댕강
목이 잘리는 꽃댕강나무
댕강댕강
꽃 지고 나니 목이 달아나네
우리도 언제 목이 달아날지 모르지
댕강댕강

길가에서 몇 달을, 몇 해를
소음에 시달리고 매연 마시며
목이 잘려도 또 목을 내밀며
누추한 거리를 지켜 온 꽃댕강나무

꽃 다 피우고 나니
댕강댕강
두려움을 자르네

가녀린 손을 뻗어
하얀 나팔을 불고
댕강댕강 종을 쳐도
거리는 귀를 닫고 있네

이제는 귀 멀고 눈 어두워
음성도 얼굴도 안 보이지만
안개처럼 퍼진 거리의 슬픔을 쿨럭거리며
오직 향기로운 피로
마른 쓸쓸함과
캄캄한 가슴을
댕강댕강 자르고 있네

끝물

끝이 가까울수록 생명을 향한 갈망은 불로 탄다
하나라도 내 새끼를 더 낳아야 한다
입을 더 크게 벌리고 목을 더 길게 뽑아
물과 바람과 햇빛을 마셔야 한다
작고 못생겨도 좋다, 터지고 갈라져도 좋다
은하계의 은하계만큼
시멘트와 아스팔트만의 세상일지라도
나를 버릴 때 너는 태어난다
서럽도록 피어나야 한다
죽음을 딛고 웃어야 한다
우리가 꽃이 되든 강이 되든 그건 상관없다
열망과 갈망 사이 하늘은 빛나고
이 생명 다하는 날까지
이 세상 끝나는 날까지
나 아닌 내가 길이 이어지기를
몸을 떨어 하늘에 고하나니
천지신명은 나의 말에 수저를 얹으소서
내 너를 위해 아침마다 생명수를 주리니
고통에서 승리하여라
너를 나의 품에 안아주리니 어둠의 꼬리를 잘라

버려라
너는 삼세三世에 너의 자손을 유지하리니
한 뼘이라도 더 태양을 마시고 싱그러운 바람을
마셔라
모든 숨탄것들을 사랑하시는 신이여
이 가지와 토마토의 눈물겨운 마지막 투쟁에
당신의 금빛 숨을 조금만 더 불어주소서
맨손으로 해야 와이셔츠 단추도 더 잘 잠가지듯
맨살로 부딪쳐야 해. 맨발로 달려가라
이 환장하게 더운 날에도 치자꽃이 한 번 더 꽃을
피우는데
당신도 더 많은 원초의 아픔을 감내해야 한다
그것이 신의 뜻이므로.

성게

밤송이는 스스로 입을 벌리거나
두 발 사이에 넣고 짓밟으면 맥없이 입을 벌린다
그러나 성게는
피투성이가 되어 죽지 않는 한 입을 함부로 열지 않는다

성게에게
제일 무서운 건 사람이더라
강제로 입을 열게도 하고
또 열지 못하게 하니
사람이 가장 두렵더라

그래서 성게는 바위 틈에 숨고
수초로 가리고 늘 검은 창을 정비한다
그리하여 더러운 칼끝이 목을 겨누어도
피를 흘려 싸우며
죽을 때까지 입을 벌리지 않는다

그러나 바다가 껴안아 주면 성게는
스스로 입을 벌린다

그러므로 성게에게 진짜 두려운건
바다이더라

바다 밑에는 하나님이 한 분만 계시더라.*

---

* 김춘수 〈해파리〉

히말라야의 길이 되고 싶다

목이 마르다.
가슴이 하얘진다.
히말라야가 되고 싶다.
그의 발밑에 주루룩 엎드리고 싶다.
그 호수의 맑은 물을 마시는 야크가 되고 싶다.
얼굴이 까만, 합장하던 할머니, 붉은 가사 입은 젊은 스님, 만나고 싶다.
다랑논처럼 예쁜 팡보체마을 눈꺼풀이 소복한 어린 소녀의 순진한 웃음이
되고 싶다.

사람보다 신이 더 가까운 산,
신의 발바닥을 만질 수 있는 곳,
발가락 여덟 개가 잘려도 좋다.
짐을 싣고 가는 당나귀가 되어도 좋다.
산자락에 핀 들꽃이 되어도 좋다.

독수리의 날개가 되고 싶다.
결국 나는 길이 되고 싶다.
길이 되어 거기 눕고 싶다.

네팔의 라마교 사원에서 기도하고 싶다.
티벳트인의 체리코 리 정상의 경전 깃발이 되어 펄럭이고 싶다.
4,984m의 바람에 이 몸이 찢기고 싶다.
그렇지 못하다면 그 산자락 아래라도 가 보고 싶다.
가서 그 신의 얼굴을 보고 싶다.
발은 땅에 있지만 머리는 하늘에 있는
히말리야의 산들
지상에서 가장 값지고 눈부신 보석들
순수한 사람 외엔 접근을 허용하지 않는 신神의 산
아슬아슬한 낭떠러지, 험난한 돌길
숨 막히는 고개를 넘어서도 그 끝까지 갈 수 없는,
목숨을 바쳐 기도해야 오를 수 있는,
그래도 신의 얼굴을 볼 수 없는,
수만 장의 경전을 베껴서 걸어도 산은 멀리 있어
차라리 닷새나 걸어서 물건을 팔러
남체시장에 온 35세의 꺼멀 아저씨 만나고 싶다.

붉은 털실로 짠 모자 쓰고 맨발로 뛰어 놀던 들꽃 같던 그 어린 소녀와
붉은 지붕의 텡보체 마을
거기서
죽고 싶다.

목숨 2

사람들 가까이 있으면 위험해!
언제 뽑힐지, 언제 목이 달아날지 몰라

가을이다
무더움 참아가며 키워온 무성한 목숨들

빗장 풀고 서 있다 무참히 목이 달아나는 푸나무들
역사의 물결에 떠내려간 억울한 목숨
빗물에 떠내려가네

자신들 편하고자 무조건 해치우는
자신들의 욕심을 위해 남을 희생시키는 무서운 짐승

사람.

봄 10

– 반란

새벽꿈에 양파가 소리쳤다.
– 살고 싶어요!

깨어보니
방구석 소쿠리에 담아놓은 양파가
새 생명을 창조하고 있었다.
흙도 물도 햇빛도 없이

나는 햇빛이 점령한 앞 베란다로 달려가 사과상자를 열어젖혔다.
감자들이 쪼그라진 얼굴에 독을 품고 소리쳤다.
– 나를 내 보내라!

다른 상자를 열어보니 고구마들이 벌떡 일어나며
팔뚝을 휘둘렀다.
– 나에게 자유를 달라.

나는 다시 뒷 베란다로 달려갔다.
똘똘 뭉쳐진 비닐봉지를 열어보니 무가 새파랗게 소리쳤다.

– 나를 더 이상 구속하지 마라!

또 다른 봉지를 들추자 홍당무가 얼굴이 벌개져서 소리쳤다.

– 나를 해방하라.

둘러보니

집 안 구석구석에서 반란이 일어나고 있었다.

제압할 수 없는 거대한 힘의

죽순

숨어 있는
무시무시한 대륙간 탄도탄
독이 오른, 층층이 쌓아 올린 삶의 다단계 로켓
새 세계를 탐험하는 간절한 기도

이 세상의 중력을 벗어날 수 있는 오직 하나의 원심력
오, 해탈이여
키가 자랄수록 점점 더 비우는 당신
당신이야말로 우리가 밤낮으로 찾던 우리의 불기둥
당신의 머리 위에 신은 강림한다

날마다 바다를 마시고,
구름을 베어 먹고,
하늘의 정액을 마시고,
별과 달을 따 먹고,
바람을 마시고,
천둥과 번개를 마시고 솟아오르는 위대한 대지의 혁명

나는 보았노라
위대한 생명의 노래를, 엄청난 힘을!
여기서도 일어나고 저기서도 일어나고
새로운 생명의 생산을 위하여
붉은 미소여!
허물을 벗고 고요함에 머물러라
또다시 생성과 소멸을 노래하라

이 세상에서 가장 위대한 일은 다산일지니
인간들이여 생산을 멈추지 말아라
끊임없이 생산하라
공고지 마을의 수선화만큼

대지를 가르고 로켓이 솟아오른다
가장 놀라운 생명의 탄생
경배하라, 저 위대한 남근을!

숲의 영혼

가끔 나의 영혼을 직직 박박 찢어놓던 직박구리가 은행나무 우듬지에서 나를 불러 세웠습니다 다가가면 저쪽 다른 나무로 옮겨 앉아 다시 나를 불렀습니다 산에는 오리목이 피고 산다화가 불타고 있었습니다 도화유수묘연거 별유천지비인간*, 3월은 가장 잔인한 달 죽은 땅에서 … 머릿속을 빠르게 지나가는 문자들 그 순간 나는 직박구리를 놓쳤습니다 소나무들은 검은 침묵을 지키고 있고 갈참나무와 상수리나무들은 아직도 가을을 입은 채 떨고 있었습니다 시시시시 … 덤불 속에서 작은 영혼들이 고요를 깨뜨리고 있었습니다 깨알 같은 새하얀 저 소리 – 저걸 적을 수 있는 문자는 없을까 가까이 가자 그들은 떼를 지어 더 높은 산등성이로 날아올랐습니다 다가가면 달아나고 다가가면 달아나고 … 그때 까마귀가 콘트라베이스의 가장 낮은 소리로 온 산을 덮었습니다 다른 길로 접어들자 찌지비찌지비 … 뺨이 하얀 잿빛의 조그만 새들이 클라리넷의 고음으로 나의 귀를 잡아당겼습니다 다가가면 달아나고 다가가면 달아나고 … 나는 점점 더 높은 산 위로 끌려갔습니다 그때 멀리서 뚜루루루 뚜루루루

다듬이질 소리 같은 소리가 들려왔습니다 그 소리는 나의 머리에서 발끝까지를 확 뚫어놓았습니다 아득히 먼 곳에서 따발총 소리가 들려왔습니다 그때 뺨이 노랗고 목에 곤색 넥타이를 맨 예쁜 새가 벚나무 가지에 날아왔습니다 찍, 찍, 찍 … 그들은 꼬리로 나를 불렀습니다 나는 홀린 듯 그들을 따라 더 높은 산으로 자꾸 올라갔습니다 그때 울창한 소나무 숲에서 희미하고 가는, 땅속 아득한 곳에서 들려오는 듯한 고음이 들려왔습니다 그것은 내가 여태까지 들은 바가 없는 소리였습니다 소리 나는 곳을 따라 가 보니 소리는 또 다른 곳에서 들렸습니다 찌비찌비찌비? 스이비스이비스이비? 오, 전생의 어느 들판 끝에서 들려오는 소리 아, 그건 소리가 아니었는지도 모릅니다 가장, 조용히, 가까이, 다가가, 보니 그것은 까마득한 소나무 위에서 들려 왔습니다 오오, 모습을 보여 다오 나는 조용히 소리 질렀습니다 그때 얼핏 작은 뭔가가 휙 스쳐갔습니다 새 같기도 하고 아닌 것 같기도 한 순간 머릿속이 하얘지고 눈앞에 수백 만 그루의 벚꽃이 활짝 피었습니다

---

* 이백의 〈산중문답〉 중 일부

제4부

붉은 나팔소리

동백이 붉은 나팔을 힘차게 불자
매화는 후루룩 다 떨어지고
산수유가 노랗게 질려 떨고 있네

그 많던 비둘기 떼 오늘은 다 어디 가고
직박구리들만 직직박박 고요를 찢고 있나

아파트와 빌딩들은 모두 침묵에 잠겼는데
그늘 속 키 큰 목련 하나 흰 옷 입고 피어나네

하늘은 푸르디푸르고 구름은 제 갈 길로 가고
태양은 변함없이 빛나는데
나팔소리 홀로 높구나

둘러보니 벚나무들
세상 덮을 눈부신 폭탄 준비하고 있네

엄마, 숨이 막혀!

넓어서 편안하다는 광안리
바다가 구름 위에 둥둥 떠가고 빌딩들의 목이 잘렸다
비단보다 아름다운 나라
산과 들이 모두 마스크를 쓰고 기침을 한다

엄마, 숨이 막혀

침을 뱉자. 우리 모두!
편리와 안락만을 추구하는 문명에
목숨과 바꿀만한 편안함이 있나?
우리 모두 푸른 강물과 나무가 되자

숲으로 도망간들, 바다로 도망간들
숨 안 쉬고 살 수 있어?
저 도시의 심장을 그을리는 자동차들을 보아
새들도 세상을 뜨는구나*

아, 우리가 갈 곳은 어딘가
지구를 버려야 하나

오, 하느님!
우리의 폐가 점점 더 딱딱하게 굳어져가요
거꾸로 매달려 그네 타는 벌레들도
갈색 바람이 두려워 머리를 흔들고
나비도 꽃에 앉기를 주저해요

아, 이러다 당신의 향기를 못 맡을지도 몰라요
영원히

---

* 황지우의 시

우체통 없는 우체통

화면에 눈이 내린 후에도
민들레 홀씨는 계속 날아옵니다

안 보면 후회한다는 까톡까톡까톡 …
안타까운 부름이 연이어 터집니다
싸락눈 같은 차가운 언어들이 연신 날아옵니다

아침에 편지함을 열어보면
얼굴을 맞대고 볼을 부비고 싶은
예쁜 얼굴과 아름다운 풍경들과 꽃들이 피어나고
따스하게 구워진 언어꾸러미들이 줄줄이 나타납니다 ;
당신을 사랑해요./ 건강해야 합니다./ 욕심을 줄이고 삶을 즐기세요./ 아빠 힘내세요…
미소를 띠게 하는, 가끔은 요절복통하게 하는,

그러나
가끔 가슴 아픈 언어들도 줄을 서서 기다리고 있어요 ;
장미꽃이 송이째 떨어졌어요./ 어두운 골목에서 별들이 추위에 떨고 있어요./ 사람들이 제정신이 아니예요./ 00이 저 세상으로 갔어요…

그리고
지구 저편에 있는 참새들의 재재거리는 소리도
밤새 내린 눈처럼 소복이 쌓여 있습니다 ;
메리가 새끼를 낳았어요./ 어제는 멀리 여행을 다녀왔어요./ 우리 딸이 아기를 낳았어요./ 어느 배우와 가수가 결혼을 할 거래요 짹짹짹 …

그리고 사이사이에 가끔
폭탄 터지는 소리와 기관총 소리와 창과 칼이 부딪히는 소리
그리고 우리를 웃기는, 자기들만의 말들도
보따리보따리로 쌓여 있습니다

세상은 이렇게 밤낮없이 까톡까톡 짹짹거립니다
그러나 지금 먹구름이 몰려오고, 안개가 핍니다
여백이 없는 그림이 용명溶明 (페이드 인)되고
꽃들이 용암溶暗 (페이드 아웃)되고 있습니다

화면 가득 비가 내립니다

일어나라, 천사여!

더 이상 눈물이 나올 수 없을 때까지 울었다
사진을 벽에 붙여 놓고

나는 나의 아버지가 돌아가셨을 때도 울지 않았다
그러나 너로 하여 자다가도 일어나 울었다
물고기들도 슬퍼서 울었다지?

너의 작은 죽음이 세계인들의 가슴에 구멍을 내고
닫힌 철문을 열었지만
그러나 그게 뭐냐?
너의 생명과는 바꿀 수 없지

아, 피지 못한 세 살짜리 꽃봉오리여
무심한 바다여
너는 조용히, 기도하듯 너무도 조용히 잠들었구나

이념과 권력에 눈이 먼 잔인한 바보들이 너를 무참히 꺾었구나
그들의 욕심이 없어지지 않는 한
제3의 네가 어찌 일어나지 않겠느냐

일어나라 아일란!
일어나
너의 그 해맑은 웃음으로 전쟁과 폭력을 차라리 용서하라

입을 열어라, 하늘이여!

마스크

예전에는 감기에 걸렸을 때만 썼지
그런데 요즘은 시도 때도 없이 쓰지
아니 써야 하지
그래야 일찍 죽지 않지
그것도 보통 거로는 턱도 없데
미세 먼지도 통과할 수 없는 비싼 거라야 된데
그것도 일회용이라니
거 참, 돈 많이 들겟네. 돈?
할 수 없지.
그래도 살아야 하니까 …
외출 내출에 필수품 – 스마트폰보다 더 필수품이
뭔지 알아?
안 쓰면 죽는 거!
여자들은 산에 갈 때도 햇빛이 무섭다며 그걸 쓰지
눈만 내 논 그녀가 더 무섭지 …
사실 우리는 철이 들면서부터 그걸 써 왔지
그걸 쓰고 연극을 해 왔지
복면강도처럼 자신을 숨기고 웃었지
헤헤 웃었지
그래서 우리는 그의 이름은 알았지만 그의 실체

는 통 몰랐지
아니 영원히 알 수 없었지
지금은 마스크에 마스크를 쓰니 더 알 수 없지
시인들은 시를 쓸 때 탈을 쓴다지? 그게 그거지
그래야 더 시답다고?
소설가도 마찬가지. 그들은 얼굴, 아니 목소리까지 숨기지
하기야 이 세상은 모두 가짜지, 가짜 얼굴에 마스크를 쓰니
그게 진짜지
어차피 속아 사는 게 인생이니
마스크에, 마스크에, 마스크를 쓰자
데스마스크라도
쩝쩝

장마 4
– 역사

서풍을 타고 먹구름이 몰려왔다
그 속에는 칼과 폭탄이 감춰져 있었다
드디어 칼들이 춤을 추고 폭탄이 쏟아졌다
장마가 시작된 것이다
산사태가 나고, 집이 무너지고, 도로가 끊기고, 강물이 역류하고 바다가 넘쳐났다
때로는 불벼락이 치고 하늘이 울었다
많은 사람들이 실종되고 죽었다
가끔 짧은 해가 나타나기는 했으나 독한 장마는 수십 년이나 계속되었다
일부 백성들은 고향을 등지고 조국을 멀리하고 남부여대하여 먼 타국으로 떠났다
남은 자들은 죽지 못해 살았다
이 땅에는 장마가 자주 왔다
그때마다 죽어나는 건 죄 없는 백성이었다
이데올르기 때문에 피가 피를 마시고 뼈가 뼈를 먹는 지독한 장마도 있었다
그 여파로 한반도에는 아직도 장마가 그치지 않았다
천지에 곰팡이가 피고 퀴퀴한 냄새가 진동한다

장마전선이 오늘도 오르락내리락 짙은 구름이 하늘을 뒤덮고 있고

찐득한 불쾌지수가 등을 누르고 있다

그런데 오늘 우리의 이 땅에는 죽음을 부르는 산성비가 오고 있다.

빛도 꺾이는 세상

빛도 힘 있고 돈 있는 쪽으로 꺾인다
바람도 한 쪽으로만 분다
신문도
정치도
인정도
모두 꼬부라져 그늘이 된다

높은 의자와 황금, 박수를 좇는 무리들
도망쳐도 도망쳐도 따라오는
강철 올가미

빛이 강할수록 그늘도 짙어지고
빛이 약하면 그늘도 약해지지

두어라 그대로
무차별이 답이다
거름도 주지 말고 김도 매지 말아라
그대로 두어라
제발 그대로 두어라

권력자

오르기도
어렵지만
내려가기는 더
어렵다

칼을 자르는 꽃이여

나무여! 말을 하라

나무들이 말이 없다 – 말이 없다고 생각이 없는 것이 아니다. 그러나 침묵하고 있다. 그렇게 화사한 말을 쏟아내던 벚나무도, 그렇게 핏대를 세우던 단풍나무도, 침 같이 날카로운 비판을 쏟아내던 소나무도, 언제나 윤기 있는 푸른 말을 내뱉던 동백도 말을 잃어버렸다.
지상은 검붉게 타오르고 함성은 촛불로 타오르는데 나무들은 말이 없다. 말하지 않으면 이제 곧 저녁이 오고, 지상은 암흑으로 덮일 텐데 뒷짐 지고 묵묵히 서 있는 나무들. 침묵은 금이 아니다. 말하라! 무엇이 두려운가? 희멀건 눈을 뜨고, 입을 닫고 있는 나무들아, 말을 하여라. 좋으면 좋다. 싫으면 싫다. 말을 하여라.
무언은 존재의 무이니 살아 있다면 소리를 질러라! 산이 쩌렁쩌렁 울리도록. 옳다 그르다를 분명히 말하여라. 부분은 전체가 아니다. 모두 일어나라. 누워 있지 말고, 일어나 팔뚝을 휘둘러라.

제5부

여로

큰키나무에서 낙엽 하나가 떨어지자 지구가 기우뚱했다

고속도로에서 10중 추돌로 많은 사상자가 났다

꽃잎들이 한길에서 갈 길을 몰라 오소소 떨고 있다

한 사나이가 고개를 숙이고 사막을 걸어갔다

낙엽이 다 떠나자 나무들이 눈물을 훔치고 있다

독거노인이 반지하 단칸방에서 쿨럭이고 있다

낙엽들이 바람에 쫓겨 차바퀴에 깔려 압사했다

노숙자들이 지하차도 구석에서 다리를 떨며 잠을 자고 있다

귀뚜라미 한 마리가 섬돌 아래서 그의 생을 마감했다

중환자실에서 한 소녀가 먼 길을 떠났다.

아파트 1

창앞을가린빌딩들을폭파하고바다를파괴한괴물을 집어던지니아파트가싱싱한나무로자란다 모든벽을 통유리로바꾼뒤당나귀를타고가장높은산으로올라 가붕새를타고하늘끝까지올라간다 순간손이장대같이자라고 하늘을끌어내려네귀를잡아당겨방안에팽팽히편후그위에뭉게구름들을뿌린다 캄캄한새장에 갇혔던새가창턱에앉아서눈부신아침을먹는다 아파트가거대한날개를저어산을넘어갔다

아파트 2

구름 위에 산이 둥둥 떠간다 산들은 탑처럼 층층이 쌓여 있다 하늘이 날카로운 창에 찔려 피를 흘린다 거실에는 콜라병과 닭 뼈다귀가 누워서 텔레비전을 보고 다리를 잘린 목베고니아가 벽을 향해 누워 있는데 어항 속에 물고기 한 마리가 뒤집어져 있다 베란다에는 암에 걸린 벤자민이 재생을 꿈꾸지만 시야가 점점 흐려지고 알로카시아는 팔다리가 퉁퉁 부어 일어나지를 못한다 붉고 검푸른 커텐이 창을 드문드문 가리고 있고 옥상 안테나 위에서 까마귀 한 마리가 산정을 향해 아픈 영혼들을 송신하고 있다

바다뱀

산꼭대기 구름이 되어
떠다니는 나를 산 아래로 끌어내려야 한다

성벽을 녹여
시원한 강을 만들어야 한다

바다뱀이 해삼의 똥구멍에 숨어 살 듯
얼음 밑에 숨어서
절대로 미끼를 물어서는 안 된다

밤에 잠 못 드는 아파트가 지옥을 다녀오듯
천국에 가서 봉황을 죽이고 와야 한다

두꺼비를 잡아먹고
허물을 벗어야 한다
겨울이 오기 전에

시간의 풍경 1

초고속열차가
과거와 미래를 순간 접착하며
황혼의 들판에 풍경들을 하역한다

풍경들은 역방향에서
촬영되고 즉시 인화되고 있다

영혼을 조장鳥葬한 유목민들이
광속光速으로 달리는 자신의 아바타를 좇아
사막을 방황한다

나는 그걸 상속想速으로 추월하여
우주의 벽을 차고 나가
혹성들의 징검다리를 건너 뛴다

드디어 주름 잡힌 시간 속에
풍경들은 정지되고
나는 영원의 골짜기를 돌아 하차한다

장마 2

우리 집 컴컴하고 칙칙한 지하실에는 크고 작은 눅진눅진한 짐승들이 살고 있다 놈들은 기회만 있으면 탈출하려고 틈을 노리고 있다 나는 문을 잠가 놓고 그놈들을 감시하고 있는데 울부짖는 소리와 가끔 문이 부숴지는 듯한 소리가 들려온다 나는 그 소리를 듣지 않으려고 문틈을 막고 귀를 막고 산다 그러나 그 눅눅하고 찐득한 소리는 계속 들려온다 특히 잠을 자려고 하면 더욱 크게 들려와 괴롭다 어떤 때는 그들 중 몇 마리가 탈출하기도 하는데 그때 나는 정신을 차릴 수 없다 그놈들을 다시 잡아 가두기 위해 나는 탈진할 지경이다 그들은 한동안 잠잠하다가도 또 탈출을 한다 그들과 나의 대치는 수십 년이나 계속되고 있다

이제 나는 지쳤다 그들을 풀어줘야 할 것 같다 내가 그놈들을 원수처럼 생각하고 적대시한 것은 순전한 오해에서 비롯된다 그놈들은 한 번도 나에게 해를 끼친 적이 없다 다만 그들의 몰골에 내가 겁을 집어먹고 그들을 경계한 것뿐이다 그들에게 좋은 먹이도 주고 햇빛과 신선한 바람도 불어넣어 줘야 할 것 같다 그리고 그들의 울음소리에 귀를 기울이

고 가끔 문을 열어주어 마당에서 마음껏 뛰놀게 해야 할 것 같다 친구처럼 아니 애인처럼 껴안아 줘야 할 것 같다.

역전패

전구 교체할 땐 아빠!
컴퓨터 고장 났을 땐 오빠!
타이어 교체할 땐 어디?
타이어 교체할 땐 타이어 000

9회말 00의 마지막 수비입니다.

두 점이 앞서 있으니 승리할 가능성이 높습니다. 그러나 야구는 끝날 때까지 끝난 것이 아니니 조심해야 합니다. 그렇습니다. 상대가 역전의 명수이니 더욱 조심해야 합니다. 큰 걸 조심해야 합니다. 그런데 마침 홈런타자를 상대해야 하니 투수의 어깨가 무겁겠습니다.

비를 맞으며 땅을 기어가는 두 다리가 잘린 사나이
빗물인지 눈물인지 땅을 적신다
떨어지는 빗물과 반찬을 집어 먹는 노점상 여인

00과 00가 한국을 다 말아 먹는다
아니야 대통령이 어리석었어. 어찌 저럴 수가 있

나?

까톡이 까톡까톡
00이 집권하면 빨갱이 세상이 돼
광속으로 퍼나르세요.

전화벨이 울렸다
그러나 받지 않았다
오늘도 내가 좋아하는 00이 역전패를 당했으니
까

쓰라림은 꿈속까지 이어졌다

미술관자작나무숲*

세상을 벗어나고 싶어 시간을 자작자작 태운다
별이 되고 싶다
눈꽃이 되고 싶다

흰 옷의 귀부인은 별을 먹고 자라고
바람으로 영혼을 가꾼다
자작나무 숲에
인간의 시간은 추방되었다

겨울이면
처마 끝에 매달린 고구마말랭이가 추억처럼 흔들리고
가지 끝에는 가을이 노랗게 꽃핀다
구절초로 차를 끓이고 낮은 음악이 깔리면
창가 자작나무화분에서는 연둣빛 꿈들이 자라고
벽난로에는 활활 사랑이 탄다

눈부신 하얀 빛
그가 자작나무를 심은 건 이 빛을 찾기 위해서다
사물들이 스스로 내뿜는 빛

그 빛을 찾기 위해서 그는 늘 긴장한다
눈 감으면 언제나
떠나간 여인의
흰 옷자락이 펄럭인다

---

* 강원도 횡성군 우천면에 있음.

줄장미 2

철제 울타리가 중동호흡기증후군 환자와 사랑을 하고 있다
빨간 입술과 파란 손들이 강물처럼 피어났다
사막이 태극기를 주야로 흔들고 있다
한 여인이 커핏잔으로 바다를 저울질하고 있다
쫓겨난 곰배령 야생화가
호주에 있는 손자가 되더니 아이언맨이 되어 카톡에 나타났다
지렁이들이 공원의 트랙을 열심히 돌고 있다
이우환이 시립미술관 대형 캔버스에 붓질을 아끼고 있다

제6부

이우환

미술관 잔디밭에 정사각형의 철판을 옮겨 놓고
그 둘레에 자연석 네 개가 배치된다

고요와 바람이
기표들의 거리를 유지하고 …

그 관계를 읽는 것은 관람객의 몫

둘러선 건물들과 하늘도 작품이다

감상가들을 잠시 붙잡아 두는 곳에
작가의 눈이 있다

그것이 미술이다

그 옆에 시가 있다

그 밑에 철학이 눈을 감고 있다

죽음을 이긴 사람들

– 비석마을*

시체를 깔고 앉아 먹고, 자고, 아이를 낳는다
짐승이 아니다
죽음 위에 삶의 비석을 세운 사람들이다
그들은 인간으로서의 최소의 자존심마저 주검의 땅에 묻음으로써
요단강을 잘라버리고 지평선을 지워버렸다
10리길 오르막을 아이를 업고 물동이를 이고 걸어와
삶은 제 물에 국수 말아먹고 찬 방바닥에 허리 펴고
내일 아침거리를 걱정하다 이불 하나에 발 모아 넣고
원수의 시체 위에서 잠을 청하는 뿌리 뽑힌 나무들
– 못난 조상들 때문인가
밤이면 귀신 울음도 들렸으리
삶은 죽음 위에 피는 꽃
코를 깎을 듯 가파른 계단,
부엌인지 방인지, 화장실도 없는,
콧구멍만한 방엔 찬바람만 자유롭다

술 취하면 제 집도 찾기 어려운
한 사람의 어깨도 겨우 용납하는 미로 같은 골목이
집과 집을 팔짱 끼지만 아, 얼마나 무서웠으랴
(아니, 원수를 깔아뭉개고 앉았으니 오히려 통쾌했을까)
그러나
비석이 가장 많이 나온 자리에 하나님의 집을 세웠으니
그들은 죽음을 이겼도다
아, 드디어 오늘에사 여기 산마을에
우리가 그렇게도 두려워했던 죽음과 삶 사이
바다가 갈라져
햇빛 찬란한 길이 열렸도다

---

* 부산 아미동 산 19번지 일대

깡깡이 아지매

깡! 깡! 깡! …

온 동네가 떨리고 바다가 경기를 한다

눈물이나 설움은 오히려 사치다
오직 필요한 건 깡이다
인생이란 어차피 쇠와 쇠가 부딪혀 불꽃이 튀는 것
힘껏 내려쳐라

이 녹슨 추상화 속 거대한 어둠을 부셔야
내가 산다
투명한 소리가 나게 두들겨라
메마른 논리로
땀은 흘러도 눈물은 사막
흘러가는 저 구름을 멈추어라

얼마나 좋으랴 이 소리 듣고
바다의 고기들이 깨닫고
갈매기들이 놀라 욕심을 줄인다면

이 늙은 환자들이 다시 회복된다면
온 동네가 잠에서 깨어난다면
얼마나 좋으랴

그러나 우선 나와 내 가족이 살아야 한다
지금 이 순간 내가 바라는 건
일당 1,000원이지 그들이 아니다

녹슨 고철이 된 아지매들
귀에서 매미가 운다
아, 꿈속에서도 들리는 저 소리

깡, 깡, 깡 …

사람의 집
– 소막마을*

아무리 짙푸른 방수 페인트로 덮어도 오랜 세월이 덕지덕지 쌓은 누추함을 덮을 순 없다 툭 튀어 오른 환기통은 아직도 악취를 뽑아내고 얽히고설킨 사연이 복잡한 철학 문제처럼 전깃줄에 걸려 있다 낡아서 금시 부스러질 것 같은 시멘트벽, 썩은 나무 기둥 삭아 구멍 난 물받이 파이프가 벽에 기대어 서 있고, 쓰레기통과 프로판가스통과 부서진 가구들이 어깨가 닿을까 겁이 나는 골목길을 막고 나일론 빨랫줄이 창문에 거미줄을 쳤다 그러나 한 줄기 푸른 호박넝쿨이 죽음을 이긴 예수처럼 지붕 위로 기어올랐고 싸라기 햇빛 한 줌이 외롭게 골목을 지켜주었다 사람이 사는지 안 사는지 집집마다 철문이 입을 꽉 다물고 있어 나는 숨이 막혔다 혹 열린 문으로 보이는 어두컴컴한 방에 누워 천정만 쳐다보던 할머니는 전쟁 후 시장 가겟집 다락방에서 혹독한 겨울을 살았던 우리 어머니 저 낮고 눅눅한 방에서 유난히도 덥던 금년 여름 선풍기가 다 닳지 않았을까 겨울은 또 어떻게 지냈을까 온돌은 있을까 물어볼 사람이 없구나 산다는 것 참 알 수 없구나 소가 살던 집에 사람이 살다니 아이고 아이고 이를 어쩌랴 우리 옛 살림에 소는 형제라 사랑채 옆에서 같이 잤지만 그래도 소막에서 살다니 누가 인간의 자존심을 이렇게 시궁창에 처박았는가 쇠똥 냄새, 오줌 냄새, 거름 썩는 냄새가 코를 찔러 잠을 못 잤겠지 배를 잡고 줄을 섰던 아침의 공동화장실과 낡은 나무뚜껑을 열고 두레박으로 궁핍을 길어 올렸던 공동우물, 빨래와 목욕은 어떻게 했으며 부엌과 방의 구별도 없는 단칸방에서 밥은 어디서 어떻게 지었으며 잠은 또 어떻게 잤을까 그래도 어쩌랴 삶을 구겨 넣고 저녁노을 바라보며 눈물을 닦았겠지 탄가루 마시던 지옥에서 해방되어 아침 해를 안고 돌아온 조국에 내가 살 곳이 원수들이 소를 수탈해 가던 누추한 소막이라니 어찌 가슴이 찢어지지 않았으랴 그러나 그 기쁨이 채 가시기도 전에 남으로 남으로 피난 온 피난민들에게 소막이 왠 말인가 눈이 빠져도 그만하니 다행이라고 그들은 하늘에 감사했을지도 모른다 그러나 사람이 짐승으로 추락하는 이 삶을 누가 즐거워했으랴 가난과 절망과 비탄으로 죽을 끓여 먹던 시간은 빨리 지나가지 않았고 오래오래 이어져 합판공장과 부두의 하역작업을 하던 막

노동꾼들이 쑤시는 등골을 녹이며 떠나온 고향이 그리워 주먹으로 눈물 닦으며 잠자던 그들만의 아픔의 역사가 오늘도 스레이트 지붕의 환기통으로 피어오르고 끌려온 소들의 슬픈 울음소리가 이중섭의 귀에 환청으로 들려오는 삶의 터전 이 고달픈 삶이 진정 그들만의 삶일까 아픔이 기쁨이 된 내호냉면집** 밀면 그릇이 마을버스를 타고 클로즈업되어 온다

---

* 1924년에 건립된 소 막사. 2018. 5. 8. 등록문화재 제 715호, '부산 우암동 소막마을 주택' 으로 등록됨. 부산시 피란 수도 세계(문화)유산 9개 중의 하나.
위치 : 부산광역시 우암번영로9번길 9-2외.(부산광역시 우암동 189-1123번지 외 16필지) 102.28평.

** 이북에서 피란 온 할머니가 메밀이 없어 밀가루로 만든 '부산최초밀면제조' 집으로 유명.

낙동강

낙동강洛東江은 발음만 낙똥강이 아니다
진짜 낙落 똥 강江이다
하단下端은 한반도의 항문
지금 한반도는 잡식으로 변비 중
푸른 똥이 만땅구다
나올 듯 말 듯 나오지 않는 똥이여
제발 나와 다오
시원하게 물살을 갈라 다오
그러나 지금도 독한 약을 퍼먹이니
언제 막힌 쇠문이 열릴지
왜가리의 목만 길어지는구나
오, 도요새여 너희들의 수많은 날개로
저 병든 하늘을 가려다오
낙똥강은 지금 똥을 싸고 싶다
황금빛 똥을 싸고 싶다
갈대들이 목이 탄다
어느새 해가 지려 한다
아, 구름이 숨이 차다.

수영삼거리의 백일홍

수영삼거리 홍!
백일홍아 홍, 잘도 피었구나 홍!
양귀비보다 곱구나 홍!

꽃 피는 동백섬에 봄이 왔건만
동백꽃 향기 실은 초대형 두더지 타고 시립미술관 지나 끼익 내리면
센텀역이라 홍!

100퍼센트 완전한 도시 – 사실은 0퍼센트, 홍!
징글징글 하마들과 살진 허벅지를 한 입에 베어먹은 악어들
굶주린 사자들과 하이에나들이 득실거리는
밤이면 수백 마리의 거대한 악룡들이 불을 토하여 이웃 마을을 덮치는

애초의 실리콘밸리가 실리失利큰 배리背理가 된
공원도, 전시장도, 호텔도
집도 배움집도 땅마저
이름표의 99%가 영어로 꼬부라진 식민지

25시의 불야성
먹자 마시자 때 빼고 광내고 으스대자
에헤야 데헤야
이 얼마나 자랑스러우냐?
이 얼마나 완벽하냐?

달아나자 달아나자 강 건너로 달아나자
꼬시래기 펄펄 뛰던 민락동, 백일홍꽃 피 흘린 수영삼거리
두 다리 뻗고 앉아 숨 좀 쉬자

백일홍아 백일홍아
넓고 편안한 무지개 지지 않는 바다
에헤야 데헤야 바다의 동네로 가자

물만골*

마하사 아래
관음사,
관음사 아래
극락암,
극락암 아래
물만골,

골골골 …
물 많으니 물 맑고 그 소리 청량타
단비가 양철 지붕 건반에 피아노 치니
개울 건너 숲 새가
극락송을 부르네

집 앞 남루엔 계절 따라 꽃들이 피고
재개발 울타리엔 찢어진 슬픔이 펄럭이네

물은 많이 모이는데
사람은 떠나네

오직 기도하는 바는

콸콸콸
풍요가 깃들기를

나무아미타불 관세음보살!

---

* 부산광역시 연산동

배산盃山*의 소리

댕 ~

잔 속에서 백성들의 거친 목소리 들려오네

삶과 죽음이 하나이던 그들
오늘은 새가 되어 돌아왔네

까치, 딱따구리, 직박구리, 붉은머리오목눈이,
솔새, 곤줄박이

너와 내가 하나이던 그들
오늘은 나무가 되어 돌아왔네

동백, 편백, 상수리나무, 소나무,
오리목, 매화

나라는 거칠고 좁지만 사람들은 봄날이네

댕 ~

우주가 울리고
잔 속에서 푸드득
찬란한 꿈이 날아오르네

오륜대 2

숲 속 길 벤치에
가을이 혼자 명상을 하고 있었다

들국화가 기도를 드리자
수녀 두 사람이 바람처럼 지나갔다

키 큰 나무들이 일어서서 합동기도를 올리고
새들이 찬송가를 불렀다

눈부신 고요의 바다 위에
살아 있는 채색화

구름과 산들이
푸른 거울에
열심히 자기의 뒷모습을 비춰보고 있었다

그날 오륜대 숲 속 벤치엔
가을이
저물도록 명상을 하고 있었다

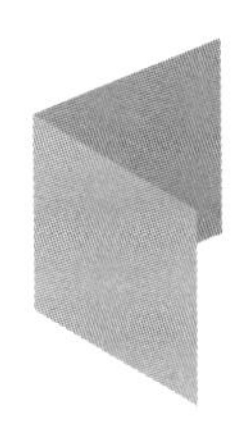

시에 관한 몇 가지 견해

강준철

그물에 걸리지 않는 바람이어야

시는 독자의 것이므로 반드시 〈해설〉이 있어야 한다고 생각하지 않는다.

그 대신 시에 관한 몇 가지 쟁점에 대하여 나의 견해를 밝히고자 한다.

첫 번째 쟁점은 〈쉽게 쓰느냐? 어렵게 쓰느냐?〉의 문제다.

독자와의 소통을 생각한다면 쉽게 써야 한다. 왜냐하면 시를 쓴다는 것은 독자를 전제로 하기 때문이다. 지나친 난해시는 소통부재를 가져와 존재할 이유가 없다. 어렵게 쓰면 비평가들이 모이고 쉽게 쓰면 독자들이 모인다. 평범 속에 비범이 숨어 있는 시가 좋다고 할 수 있다. 그러나 나는 예술이 쉬우면 수동적(무비판적)으로 수용하기 때문에 어느 정도 어려워야 한다는 아도르노의 견해에 동의한다.

두 번째 쟁정은 〈만들어지는 것이냐? 만드는 것이냐?〉이다.

나의 경험상 이 두 가지는 합쳐져야 좋은 시가 되는 것 같다. 즉 영감이 떠오를 때 시를 쓰고 그것을 계속 갈고 다듬어야 한다고 본다. 시는 소설작법과는 다른 것 같다.

세 번째 쟁점은 〈내용이냐? 기교냐?〉이다.

나는 내용보다 기교가 더 중요하다고 생각한다. 그 이유는 시란 어차피 기교의 산물이고 예술이기 때문이다. 예술품은 인간이 자연에 기교를 가한 가공물이다. 또한 예술성은 기교에서 오기 때문이다. 그러나 그 기교는 내용과 잘 어울려야 한다.

네 번째 쟁점은 〈리듬이냐? 이미지냐?〉이다.

리듬은 정서를 환기시킬 수 있는 가장 중요한 요인인데 오늘날 한국 시인들이 거의 무시하고 있다. 필자도 이미지 위주의 시를 쓰고 있지만 앞으로는 리듬에 대해 좀 더 관심을 가지려 한다. 내용과 호흡의 일치가 리듬이다.

다섯 번째 쟁점은 〈삶(현실)이냐? 삶의 초월(이상)이냐?〉이다.

사조상으로는 사실주의와 낭만주의의 대립이다.

원칙적으로는 두 가지 다 중요하다. 그러나 나는 후자를 좋아한다. 그 이유는 인생의 목적이 이상을 추구하는 것이고, 현실의 질곡에서 벗어나 자유를 얻는 것이기 때문이다. 현실에 집착해서는 우리가 행복할 수 없다. 이상을 추구하는 것은 현실에서 도피하는 것이 아니라 그것을 초극하려는 자세이다. 이러한 낭만정신은 동서고금을 막론하고 사람의 기본 속성의 하나이다.

현실을 중시하는 사람들은 미를 추구하는 게 아니라 진실을 추구한다. 그러나 진실은 예술이 추구하는 목적이 아니다. 또한 인간은 인식론적으로 사물 그 자체를 인식할 수 없고 아무리 해도 현실을 그대로 그려낼 수 없다. 그러므로 작품은 현실 자체가 아니고 허구이다. 따라서 진실성을 추구할 것이 아니라 가능성의 세계로서 이상을 추구해야 할 것이다.

여섯 번째 쟁점은 〈체험이냐? 관념이냐?〉이다.

관념(개념)은 참된 인식을 방해한다. 인간은 언어로 사고하고 언어화하면 개념화된다. 언어로 표현하는 순간 실제의 사물에서 멀어진다. 따라서 개념은 사물 자체가 아니다. 그러므로 엄격히 말하면 감각기관을 통하여 얻은 우리의 의식은 허위이다. 참된 시는 사물의 해설이 아니라 사물의 진실을 보여

준다. 이를 위해서 시인은 언어의 제약(의미 전달, 추상화, 개념화)을 벗어나 사물 그 자체이고자 한다. 이와 같은 노력은 리얼리티 획득을 위한 것인데 이 리얼리티(실재, 사물)와 가장 가까운 것이 이미지다. 그래서 현대 시인들은 이미지를 중시한다. 그러므로 관념보다 체험이 중요하지만 나의 시는 그 배후가 관념으로 가득 차 있어 그것이 문제다.

일곱 번째 쟁점은 〈교훈이냐? 쾌락이냐?〉이다.

이 두 가지는 서로 조화되어야 한다. 단순히 쾌감을 주는 시보다 사상이 깊으면서도 정서적으로 표현된 시가 좋다. 관념 위주의 교훈시 즉 목적시는 예술성이 약하므로 좋지 않다. 문학이 윤리적 도구가 되어서는 안 된다.

여덟 번째 쟁점은 〈지식이냐? 경험이냐?〉이다.

여기서 지식은 이념을 의미한다. 이 쟁점은 이념을 강조하는 사회적 사실주의(리얼리즘)와 살아 있는 현실을 강조하는 모더니즘적 경향의 다툼이다. 전자는 현실의 재현이 목적이고 후자는 경험을 중시한다.

리얼리즘은 이념(현실에 대한 지식)을 제시할 것을 요구한다. 이와 같이 이념을 제시한다는 것은 이념 자체가 추상화된 개념이기 때문에 사물 자체(현실)와는 멀어진 것이므로 사실주의가 목표로 하는 〈사실의 재현〉이 아닌 것이다. 그것은 개념이며 그들이 추구하는 이상인 것이다.

인식론적으로 경험과 지식은 일치하지 않는다. 그러므로 지식보다 경험이 더 중요하다. 인간은 사물을 있는 그대로 인식할 수 없다. 또한 인간은 아무리 해도 사물 그 자체를 재현할 수 없다. 문학 작품은 본질적으로 허구다. 또한 문학을 어떤 이념에 종속시켜서도 안 된다.

아홉 번째 쟁점은 〈사상이냐? 정서냐?〉의 문제다.

주지주의자들은 사상을 정서보다 중시하고, 낭만주의자들은 정서를 더 중시한다. 그러나 사상과 정서의 융합이 중요하다. 그러나 나는 정서에 더 무게를 두고 싶다. 왜냐하면 정서가 시의 본질이고, 시의 세계는 어디까지나 정서적 구조이며, 정서 의식이 인간의 근본 구조이기 때문이다. 그러나 문학 작품의 무게감과 심도를 제고하기 위해서는 사상도 중요하다. 나는 여기서 사상을 철학이나 종교적 사상이라는 의미보다 '사유의 깊이' 즉 인식의 갱신으로 보고자 한다. 논리적 이해보다 감성적으로 접근해야 새로운 인식이 가능하다.

열 번째 쟁점은 〈대립이냐? 화합이냐〉이다.

어떤 사람들은 세계와 대립하고, 어떤 사람들은 세계와 화합하려 한다. 나의 시는 자아와 세계의 화합을 지향한다. 여기서 문제가 되는 것은 자아와 세계가 완전히 하나가 될 수 있느냐 하는 것인데, 서양 철학에서는 불가능하다고 보고, 동양 사상(특히 불교)에서는 가능하다고 본다. 나는 후자를 믿는다. "사물을 관념을 떠나 사물 자체로 보려는 노력"은 자아와 세계가 하나가 되려는 진지한 노력인 것이다. 이 또한 자아와 세계의 화합을 지향하는 태도이다. 미학적으로는 대립(모순)의 화합이 바람직하다.

열한 번째 쟁점은 〈닫힌 형식이냐? 열린 형식이냐?〉이다.

〈구조냐? 탈구조냐?〉의 문제다. 현재 나의 시는 대부분 닫힌 형식이다. 그러나 열린 형식의 시도 조금 있다. 앞으로 열린 형식을 지향하고자 한다. 뿐만 아니라 실험시 같은 것도 시도해 보고 싶다. 다시 말하면 지금까지의 전통에서 자유롭고 싶다. 모든 형식과 제약에서 벗어나 삶의 본능적 흐름을 투사하거나 적어도 생명이 약동하는 열린 시를 쓰고 싶다.

결론은 〈그물에 걸리지 않는 바람〉이다. 끝.

벽이 벽 너머에게

시와사상 시인선 31

찍은날 | 2018년 11월 12일
펴낸날 | 2018년 11월 20일

지은이 | 강준철
발행인 | 김경수
제작총괄 | 김사리
디자인 | 김행선
펴낸곳 | 시와사상사
부산광역시 금정구 부곡동 325-36번지
전화 : 051-512-4142
팩스 : 051-581-4143
E-mail : sisasang94@naver.com
http://www.sisasang.co.kr

등록번호 | 제05-11-7호
등록일자 | 2005년 7월 18일

인쇄처 | 도서출판 세리윤

값 9,000원

ISBN 978-89-94203-24-9 04810
ISBN 978-89-958264-1-6(세트)

• 본 도서는 2018년 부산문화재단 지역문화예술특성화지원사업의 일부지원으로 시행됩니다
• 이 도서의 국립중앙도서관 출판예정도서목록(CIP)은 서지정보유통지원시스템 홈페이지(http://seoji.nl.go.kr)와 국가자료종합목록시스템(http://www.nl.go.kr/kolisnet)에서 이용하실 수 있습니다. (CIP제어번호 : CIP2018035377)